La Puissance de Votre Pensée
Copyright 1985 par Le Cercle international des Gagnants

Dépôts légaux 3e trimestre 1985
Bibliothèque Nationale du Québec
Bibliothèque Nationale du Canada

Une production de:
Les Éditions Le Cercle international des Gagnants

Composition / montage: Typographie Estrie inc.

Impression: René Prince imprimeur

Collection: Progression
ISBN: 2-89323-995-1

Distribué par:
QUÉBEC LIVRES
4435, boul. des Grandes Prairies
Montréal, Qué. H1R 3N4
Tél.: (514) 327-6900

ANDRÉ SARRAZIN

La Puissance de Votre Pensée

Les Éditions Le Cercle international
des Gagnants enr.
C.P. 57, Succursale R
Montréal, Qué. H2S 3K6

Du même auteur:

Collection: Motivation et perfectionnement de soi.

"Une recette infaillible"
"Une force invincible"

Collection: Progression

"Le bonheur, un état naturel"
"Le goût de la vie"

AVANT-PROPOS

Dans la vie, nous avons le choix de nous servir de la pensée positive. Nous avons aussi le choix de nous servir de la pensée négative. ELLES SONT AUSSI PUISSANTES L'UNE QUE L'AUTRE. La première nous aide à être heureux tandis que l'autre nous aide à être malheureux. C'est la même force. C'est la même énergie. C'est le même pouvoir...

Je constate tristement que beaucoup de gens choisissent souvent, sans s'en rendre compte, la puissance de la pensée négative. Ensuite, ils sont étonnés de rencontrer toutes sortes de difficultés malheureuses dans leur vie. Problèmes d'argent, de santé, de souffrances psychologiques, etc...

IL EST IMPORTANT DE PRENDRE CONSCIENCE DE CE FACTEUR, de modifier sa façon de penser et d'essayer de vivre heureux. Pourquoi cultiver la haine, la jalousie, l'hypocrisie, la critique négative? Alors qu'on peut s'associer à l'amour, au bonheur, au pardon, à la joie de vivre.

La puissance de la pensée positive peut nous

diriger vers une évolution saine, un bonheur assuré, un épanouissement merveilleux. Qui veut vraiment être malheureux dans sa vie? Personne. Alors pourquoi prenons-nous souvent des moyens négatifs, tout en espérant obtenir des résultats positifs.

À travers ma vingtaine d'années de pratique comme "thérapeute", j'ai aidé beaucoup de monde à mieux voir clair dans leur vie, à retrouver leur équilibre et leur harmonie. Aujourd'hui, JE VOUS MENTIONNE QUE LA PUISSANCE DE LA PENSÉE POSITIVE PEUT VOUS AIDER...

ANDRÉ SARRAZIN

*Je dédie ce livre
à mon frère Maurice.
Je lui témoigne mon
affection et mon amitié!*

Remerciements

C'est avec un grand plaisir que je remercie mon ami Victor Audet. Il a su bien me conseiller dans le domaine de l'édition de mes livres. Sa confiance, son support et sa compréhension m'ont été d'un grand secours!

La Puissance de Votre Pensée

TABLE DES MATIÈRES

I

Développez votre philosophie personnelle.

Tel un homme pense,
tel il est dans sa vie.

DÉVELOPPEZ VOTRE PHILOSOPHIE PERSONNELLE

La pensée positive est une grande puissance que tous et chacun possédons mais qui, malheureusement n'est pas exploitée à son maximum. CE POUVOIR EST TELLEMENT FORT qu'il modifie complètement des situations, change des vies, crée notre bonheur et va même jusqu'à nous rendre heureux.

CETTE PUISSANCE, elle est à l'intérieur de soi; nous en sommes imprégnés. ELLE EST TOUT À FAIT INVISIBLE parce qu'elle se situe au niveau de la pensée. Nous avons la capacité et le potentiel de la développer, de la cultiver, de la faire grandir, de la rendre irrésistible.

C'est le pouvoir de l'esprit sur le corps, du mental sur le physique, de la puissance de la vie à l'intérieur de soi, de la pensée positive et constructive, du bien-être personnel.

AFIN DE MOBILISER CETTE FORCE, il faut commencer par en prendre conscience, la découvrir et la comprendre. Enfin, la canaliser dans la bonne direc-

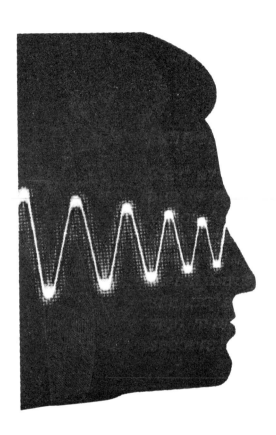

Servez-vous au maximum, du pouvoir invisible de votre pensée, pour être heureux.

tion telle une flèche qu'on suit, et qui nous dirige sur le sentier du bonheur, de la paix, de l'amour. SE SERVIR DU POUVOIR INVISIBLE DE LA PENSÉE POSITIVE pour se définir une philosophie de vie, un mode de penser qui nous permettra de surmonter les échecs, les peines, les difficultés; qui nous permettra aussi d'atteindre un certain degré de bonheur. Je dis un certain degré parce que le BONHEUR EST TELLEMENT PERSONNEL. Ce qui me rend heureux n'a probablement pas le même effet sur vous et vice-versa.

Développer une façon de voir les choses qui accentue cette *puissance de la pensée et nous permet de vivre en équilibre et en harmonie avec la vie;* qui nous permet aussi d'être bien dans sa peau, de développer sa capacité de modifier des choses, toujours pour le meilleur.

TOUT LE MONDE MÉRITE D'ÊTRE HEUREUX. Vous, moi et tous les autres qui existent sur cette planète. Le gros problème rencontré, c'est qu'on ne se prend pas toujours de la bonne façon. Et encore, la façon de s'y prendre est tellement individuelle et personnelle que ça varie d'une personne à une autre. Par contre, ON SE RETROUVE TOUS DANS LES GRANDS PRINCIPES DE VIE.

BONHEUR ● SANTÉ ● AMOUR

II

Faites le ménage dans votre vie.

**La pensée positive ensoleille
votre vie, votre bonheur !**

FAITES LE MÉNAGE DANS VOTRE VIE

On veut tous avoir une bonne santé physique et mentale, être heureux, avoir du bonheur, de l'amour, de l'argent. CE QUI SIGNIFIE: rencontrer le partenaire idéal, posséder un travail qui nous plaît, une aisance financière, des amis agréables, une liberté d'action complète. TOUT CE QU'ON DEVRAIT ATTENDRE DE LA VIE, QUOI!

Mais dans notre réalité quotidienne, possédons-nous tout ça? Si la réponse est "oui", je dis "bravo" et je vous encourage à continuer tout en vous posant une autre question: "Êtes-vous sincèrement heureux?" Si la réponse est "NON", il y a donc place pour l'amélioration, pour la recherche du secret de cette puissance de la pensée positive dans votre vie.

IL EST PEUT-ÊTRE TEMPS DE FAIRE UN PEU DE MÉNAGE, de nettoyer certaines choses, de décrasser de vieilles habitudes, de se débarrasser de certaines nuisances comme: le doute, la méfiance, l'indécision, l'insécurité, la peur, la timidité, l'anxiété, l'angoisse, la haine, l'envie, le ressentiment, la rancune, l'échec, la morosité, la dépression...

C'est beaucoup de nuisances qui peuvent ralentir notre évolution, notre épanouissement personnel. J'ai le devoir moral de faire le ménage dans ma vie, si je veux être heureux. Il n'y a pas mille façons de procéder. La meilleure façon est de s'attaquer directement à celle qui ne dérange le plus et de travailler à une autre. Avec le temps, la patience et la persérérance, je construis mon bonheur.

**Débarrassez-vous de ces pensées négatives
qui nuisent à votre bonheur!**

Il n'y a plus de temps à perdre, passez à l'action, faites un peu de ménage dans votre vie.

III

Éliminez les nuisances.

Cessons d'agir en automate
toujours guidé par les autres !
Soyons capables de nous affirmer
et de nous faire respecter !

ÉLIMINEZ LES NUISANCES

Il y a beaucoup de nuisances dans la vie mais ça ne veut pas dire que je les ai toutes avec moi, que je les traîne toutes ensembles. Espérons car ça devient pesant sur les épaules, lourd dans la vie. Même si j'en ai juste une ou deux, c'est suffisant pour me fatiguer à la longue. La vie peut paraître très courte mais aussi très longue dépendant de la façon dont elle est vécue.

NOUS POSSÉDONS TOUS CE POUVOIR DE NOUS DÉBARASSER DE TOUTES CES NUISANCES qu'on traîne depuis notre naissance. Souvent, elles nous ont été transmises inconsciemment par nos parents, qui eux les avaient reçues des leurs. C'est un héritage difficile qui est véhiculé depuis longtemps. L'ÉDUCATION, LA RELIGION ONT JOUÉ UN GRAND RÔLE À CE NIVEAU. Il y a sûrement aussi d'autres facteurs. Peu importe, ce qui est vrai et réel, nous sommes pris avec elles et cela nous rend malheureux et nuit à notre bonheur.

Il y a aussi un facteur important qu'il est difficile d'ignorer. Beaucoup de gens ne veulent pas faire de grand ménage dans leur vie même s'ils sont très malheureux. Ils soulèvent à peine la poussière pour la laisser retomber à la même place. Ils ne font même pas le ménage de routine. Encore pire, ils ne voient même pas la poussière qui traîne où ils font semblant de ne pas la voir.

Être obligé de se regarder bien en face, dans son miroir, c'est très fatiguant. Souvent on tourne la tête, on aime mieux ne pas se voir. C'EST BIEN PLUS FACILE DE BLÂMER LES AUTRES. Moins fatiguant, cela permet de mieux les contrôler, leur faire réaliser nos "quatre volontés", leur jouer continuellement sur le "moral", leur faire croire toutes sortes de choses, les abaisser, se valoriser à travers des plus faibles. C'est un choix de vie. C'est le plus difficile car cela va à l'encontre des lois de la nature, de l'amour.

C'EST FAIRE LE CHOIX DE NIER LE BONHEUR, d'être malheureux, de se rendre la vie difficile ainsi qu'à son entourage, de vivre avec un paquet de nuisances (agressivité négative, colère, insécurité, blâme). On peut comprendre avec sa tête toutes les raisons qui amènent une personne à un tel comportement. C'est loin de signifier pour autant qu'on accepte ces attitudes négatives.

Je rencontre souvent des personnes qui vivent avec des partenaires semblables depuis des années. Elles souffrent énormément car ce sont des relations très frustrantes. C'est le moral, l'énergie et l'épanouissement personnel qui en prennent un coup. Plus ça dure, plus on se détruit à l'intérieur de ce genre de relation. Souvent, on tolère et on endure. Aussi, on est malade et on vieillit beaucoup plus rapidement...

MOI

**Quelle image me reflète ce mirroir ?
Positive, négative !**

On ne demande pas mieux de faire un examen de conscience, le ménage dans sa vie, de changer pour le meilleur mais on se rend compte que ce n'est pas facile. CELA DEMANDE BEAUCOUP D'EFFORTS ET D'ÉNERGIE. Souvent, on a des bonnes intentions mais on retombe dans les anciennes. C'est comme quelqu'un qui suit une diète, qui perd plusieurs livres pendant quelques semaines, qui relâche par la suite et reprend tout le poids perdu. C'est encore plus décourageant. C'est toujours plus difficile de revenir de l'arrière. Donc, il est important de garder une continuité dans tout ce qu'on fait et de la maintenir.

**Prenons notre envol
vers un avenir meilleur !**

CERTAINS

ont essuyé cinquante
défaites et remporté
une retentissante
victoire dans la
cinquante-et-unième
bataille... C'est
ça le succès!

IV

Changez, même si c'est difficile.

On a rien pour rien
dans la vie.
Si on choisit d'être
heureux, on doit y
mettre l'effort et
l'énergie nécessaire,
continuellement.

CHANGEZ, MÊME SI C'EST DIFFICILE

Juste le fait d'y penser amène déjà une forme de méfiance, de rébellion à l'intérieur de soi. Se débarrasser de ces nuisances, ces pensées guidant les sentiments négatifs, dommageables est toute une tâche, mais cela se fait puisque PLUSIEURS PERSONNES Y RÉUSSISSENT. J'en ai rencontré de ces personnes qui sont venues me voir en consultation. C'est la raison qui m'incite à vous dire que ÇA SE RÉALISE. Comme on n'a rien pour rien dans la vie, il faut y mettre l'effort et l'énergie nécessaire.

On attend souvent que la souffrance devienne tellement aiguë avant de passer à l'action, qu'on se blesse profondément. La cacatrice prend plus de temps à guérir. Plus la plaie est béante et profonde, plus elle est difficile à soigner. Même chose sur le plan psychologique. On n'oublie pas facilement et ON A TENDANCE À CULTIVER LA SOUFFRANCE MALGRÉ NOUS.

La santé physique et mentale est un état naturel. Il y va de notre responsabilité de prendre les moyens appropriés pour la garder, en se servant de notre gros bon sens. Vivre une vie heureuse et équilibrée ne s'apprend pas dans les conférences ni dans les livres. Ce sont des mesures utiles; pas plus. C'EST DANS LE QUOTIDIEN, en faisant des efforts régulièrement qu'on y arrive. Je le fais à tous les jours dans ma vie et j'essaie d'aider les autres à le faire.

LA PUISSANCE DE LA PENSÉE POSITIVE NOUS DONNE L'ÉNERGIE ET L'ÉLAN NÉCESSAIRE POUR Y ARRIVER. Il est bien évident que de penser positivement ne règle pas tous les problèmes automatiquement mais cela permet de voir la vie d'une façon beaucoup plus optimiste. Souvent, on me taquine à ce sujet: "Ce n'est pas pareil, toi, tu es positif, tu vas sûrement trouver une solution..." ou "t'as un bon sens de l'humour, tu sembles toujours au-dessus de ton affaire". C'est bien évident que je rencontre des difficultés et des problèmes comme tout le monde. Quand ça va mal, je fais un effort supplémentaire et c'est dur. Finalement ça revient. COMME DANS LA NATURE; il pleut, il fait soleil; après la nuit, c'est le jour. DANS LA VIE C'EST PAREIL. Il y a des moments difficiles et il y en a des meilleurs. Quand on en prend conscience, ça aide à s'ajuster. Si ça va toujours mal, c'est plus sérieux. Il faut commencer à se regarder et à changer des choses.

COURAGE • **VOLONTÉ** • **DÉTERMINATION**

Dans la vie, il y a
des moments difficiles
et ensuite, il y en a
des meilleurs.
Gardons toujours
espoir!

V

Choisissez d'être positif !

Développez votre pouvoir personnel par la pensée positive.

CHOISISSEZ D'ÊTRE POSITIF

La personne qui choisit d'être positive, DÉVE-LOPPE SON POUVOIR PERSONNEL. On le ressent à travers son comportement, les taquineries des autres, les manifestations d'affection. ELLE DÉGAGE UNE PUISSANCE SEMBLABLE À UN AIMANT QUI ATTIRE LES GENS. Il est plus facile d'amener les autres vers soi lorsqu'ils se sentent bien dans ce rapport. La personne qui passe son temps à chialer et critiquer contre tout et rien, qui n'est jamais contente, ni satisfaite, qui ne s'aime pas, qui cultive les nuisances, ne peut parvenir au bonheur. C'est impossible. Elle donne trop de place dans sa vie au négatif. Elle annule toutes les chances de progrès, de changement, d'épanouissement.

Que c'est donc plate de vivre avec une personne comme ça! On se dit: "Si elle pouvait utiliser le beau et énorme potentiel que la vie lui a donné pour construire au lieu de détruire tout le temps"! Habituellement, CES PERSONNES POSSÈDENT DE GRANDES QUALITÉS. Souvent elles ont été éduquées dans un milieu difficile. L'enfant dont les parents étaient négatifs, a tendance à l'être lui aussi. Comme il ap-

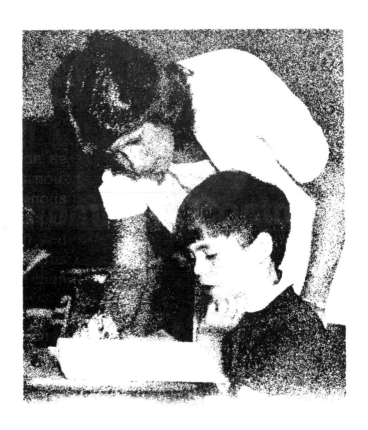

L'enfant a une grande confiance dans l'adulte.
Servons-nous en pour l'aider à s'épanouir,
non pour le détruire.

prend par l'exemple, c'est celui-là qu'il imite. On lui transmet la peur, la crainte, le manque de confiance. Il n'est pas question ici de blâmer les parents; ils ne connaissaient pas mieux. Ils ont vécu eux aussi la même chose. CE QUI ARRIVE, on grandit avec ces nuisances à l'intérieur de soi et elles nous empêchent d'être heureux.

On veut bien choisir d'être positif mais on est entouré de négatif. On baigne dans un océan de pollution psychique. La radio, la télévision, les journaux, les gens qui nous entourent... On ne s'en rend pas compte mais on se fait remplir le crâne, à la journée longue par des nouvelles négatives.

Aussitôt levé, pour partir la journée du bon pied, en avalant son café, on lit le quotidien du matin. Là, on annonce toutes les mauvaises nouvelles qui se passent dans le monde.

"Trois meurtres hier soir, à Montréal, deux feux, un viol, quatre vols de dépanneurs, une inondation à Laval, un suicide sur le Pont Jacques-Cartier. Reagan qui veut s'équiper pour la guerre nucléaire, les Russes qui hésitent à négocier pour la paix. Au Liban, on fait sauter une ambassade, l'Irak a bombardé l'Iran, en Afrique, on meurt de faim, etc..." On pourrait en écrire encore plusieurs pages de ces nouvelles. Comme l'objectif de ce livre n'est pas de devenir le quotidien numéro un du matin, nous allons nous arrêter.

**Évitons d'être enchaîné mentalement
par notre façon de penser!**

Choisissons de
penser à l'amour,
au bonheur, à
la joie de vivre.

Choisissons de
penser à l'amour,
au bonheur, à
la joie de vivre.

VI

Contrôlez le négatif.

Contrôlez le négatif dans votre vie.

CONTRÔLEZ LE NÉGATIF

Après avoir lu toutes ces nouvelles négatives, mentionnées à l'autre chapitre, moi, je me sens un peu énervé, je file mal et je ne sais pas trop pourquoi. J'ai l'impression que tout va me tomber sur la tête. Ça me crée une certaine tension de lire toutes ces choses; ÇA ME DONNE UN SENTIMENT D'INSÉCURITÉ. J'ai l'impression que ça va mal partout. Je vous ai parlé seulement des premières pages. En continuant à feuilleter le journal, on rencontre les pages politiques, les spectacles, les affaires, l'économie et le sport... Une chance qu'il y a une couple de bonnes nouvelles.

Combien vend-on de journaux par jour? Des milliers: ça veut dire que beaucoup de gens s'imprègnent de ces nouvelles à tous les jours. C'est la même chose avec les hebdomadaires. Le plus lu est celui qui parle le plus de potins, de violence, de meurtre. Je ne viens pas ici faire une critique des journaux. S'ils se vendent si bien, c'est qu'ils répondent à un besoin de la population.

Tout ceci signifie simplement qu'ON CULTIVE

CETTE MENTALITÉ NÉGATIVE et nous sommes les premiers responsables. Ce n'est pas en blâmant les journaux, la radio et la télévision qu'on va changer la situation. C'est plutôt en regardant comment on les utilise dans notre vie, qu'on modifiera quelque chose. JE SUIS LE SEUL RESPONSABLE DE MA FAÇON DE PENSER, DE VOIR LES CHOSES ET DE LES VIVRE. Je suis la seule personne capable de choisir pour mon propre bien-être, de cultiver une mentalité négative ou, au contraire, de choisir de faire ressortir le côté positif de ma vie!

Juste pour aller un peu plus loin, avant de se coucher le soir, nous arrive-t-il de regarder les nouvelles à la télévision? Je ne crois pas qu'on nous décrive tout ce qui va bien dans le monde! On a plutôt tendance à nous montrer ce qui cloche un peu partout, comme dans les journaux du matin. Nous autres, on avale tout ça, on se remplit la tête bien comme il faut et ensuite on va se coucher.

Pendant la nuit, on fait des cauchemars, on digère mal, on dort nerveusement et on se lève le matin, aussi fatigué, sinon plus que lorsqu'on s'est couché. Ensuite, on ne comprend pas ce qui nous arrive. On dit à notre femme ou à notre mari: "J'ai donc de la misère à passer une bonne nuit de sommeil. Je dors mal ou je ne dors pas. Je m'endors tard..." C'est compréhensible. En plus des problèmes normaux de la journée, déjà assez stressants, on se paie une bonne dose de négatif avant de se coucher et ensuite, ON ESSAIE DE DORMIR DESSUS.

Quand on est conscient qu'on vit entouré de négatif, LA PREMIÈRE CHOSE À FAIRE EST D'ES-

SAYER DE LE CONTRÔLER, si cela affecte notre vie et nous dérange. Est-ce indispensable de lire le journal le matin ou d'écouter les nouvelles avant de se coucher? Je connais des gens qui ont cessé cette habitude parce que ça les perturbait. Cela les rendait nerveux, anxieux, angoissés. Ils dormaient mal et se fatiguaient rapidement. IL N'EN TIENT QU'À VOUS DE CONTRÔLER CETTE SITUATION. Si vous vivez avec une personne négative, c'est plus difficile et parfois plus long à régler. Les décisions à prendre sont plus sérieuses et portent plus à conséquences. Même chose au travail. Souvent nous travaillons avec des gens négatifs qui voient du noir partout. Même le patron quelquefois est négatif. Quoi faire avec tout ça? C'est la question d'un million de dollars.

Programmation positive:

À chaque jour, à tous points de vue, je vais de mieux en mieux!

(E. COUÉ)

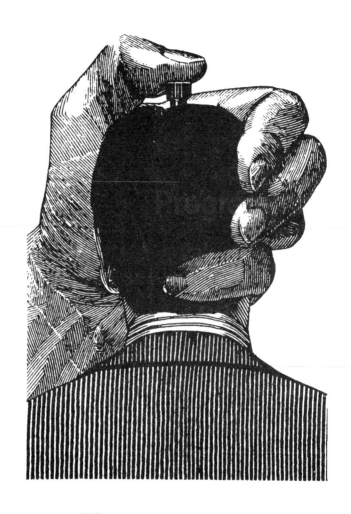

Mâtons le négatif par une programmation mentale positive.

Programmation positive:

*Il me devient de plus
en plus facile d'être
positif, en tout
et partout!*

VII

Pensez différemment !

Ne laissons pas le négatif ralentir notre progression.

PENSEZ DIFFÉREMMENT

Nous avons le pouvoir de penser différemment. Nous ne sommes pas obligés de suivre la masse. C'est difficile, évidemment! NOUS AVONS LE POUVOIR D'ACQUÉRIR UN NOUVEL ÉTAT D'ESPRIT. La vie change à tous les jours, pourquoi pas vous? Soyons conscients de ce pouvoir invisible que la vie nous transmet régulièrement. Cette capacité de mieux penser, de changer, de nous améliorer, nous perfectionner et d'en arriver à croire à son propre bonheur. NE LAISSONS PAS LE NÉGATIF RALENTIR NOTRE PROGRESSION. Sachons le contourner en le combattant et en l'éliminant le plus possible de notre vie.

On a tendance à se laisser influencer par notre milieu, notre entourage, les personnes que nous aimons. Mais une fois pour toute, DÉCIDONS DE SUBIR PLUTÔT L'INFLUENCE POSITIVE. ELLE EXISTE. Elle est présente. Il s'agit de faire l'effort de la trouver, simplement de la voir. Ce peut être un petit geste délicat, un compliment sincère, un regard gentil, doux. Si, à partir de maintenant, nous commençons à chercher le côté positif de toutes situations, nous allons le trouver. On trouve bien facilement le côté négatif alors, l'inverse est aussi possible. TOUT DÉPEND DE CE QU'ON EN PENSE ET COMMENT ON Y CROIT. C'est là où se situe la différence entre une personne positive et une autre négative.

Est-ce que je crois moi, dans la puissance positive qui est en moi? Est-ce que je pense que je possède le pouvoir d'être bien avec moi-même, avec les autres et la vie? Si je n'y crois pas, je suis malheureux, je végète sur la terre, je suis un mort-vivant. Combien de temps vais-je rester "mort" et attendre la vraie mort de mon corps? C'est une question fatigante qui brasse de la poussière! Quelle est ma réaction en lisant ceci? Je ris, je suis fâché, agressif, je m'en fous... MA RÉACTION ME DONNE UN INDICE SUR MON ÉTAT D'ESPRIT. Je m'arrête et je réfléchis sur ma situation si je le veux bien.

JE POSE LA QUESTION DIFFÉREMMENT. Est-ce que je décide de me prendre en charge et je choisis la vie que je veux mener, ou si je décide de continuer à vivre mon éternité sur la terre, en cultivant le doute, la crainte, les soucis, le sentiment de culpabilité, la dépression, etc...? Si je suis intelligent, je vais essayer de vivre d'une façon harmonieuse, efficace et heureuse à chaque jour et à chaque instant de ma journée. Pour ça, je dois composer avec mes problèmes, à mesure qu'ils se présentent ou tenter d'y trouver des éléments de solution. JE TRAVAILLE POUR MON BONHEUR. Je refuse d'être malheureux. Je chasse la pensée négative aussitôt qu'elle m'assaille; je la repousse. JE VOIS PLUTÔT LE BEAU CÔTÉ DES CHOSES. Je ne sombre pas dans la déprime parce que je sais que je suis une personne res-

ponsable et que je possède le pouvoir de réussir ma vie. Je suis capable de bien réagir dans des situations délicates.

Je vis en harmonie avec moi-même, les autres, la vie!

Ti-Jean positif   **Ti-Jean négatif**

Lequel suis-je ?

SEMEZ juste un peu
de positif à chaque jour
et
vous finirez par
ensemencer votre
vie au complet.

VIII

Réagissez rapidement.

On doit développer
sa capacité de réagir
positivement à tout
moment de sa vie.

RÉAGISSEZ RAPIDEMENT

TOUT LE MONDE MÈNE À PEU PRÈS LE MÊME GENRE DE COMBAT. On vit en société avec d'autres personnes, peu importe notre contexte social et on rencontre des difficultés assez semblables. On peut dire que les mésententes, les conflits et les compromis font partie intégrale de la vie. On a tous à rencontrer un jour ou l'autre des événements difficiles comme la maladie, un accident, décès d'un proche, etc... qui posent à peu près les mêmes difficultés pour tout le monde. FACE À CES CIRCONSTANCES, LES GENS RÉAGISSENT DIFFÉREMMENT. Certains s'en sortent tandis que d'autres sombrent dans la passivité, le découragement, la dépression même.

Je crois que pour survivre, IL FAUT ADMETTRE QUE LES PROBLÈMES FONT PARTIE DE LA VIE et non qu'on est heureux parce qu'on ne rencontre pas de difficultés. C'est plutôt la façon de les envisager, de les affronter. Ça implique un mode de pensée différent. Croire de pouvoir garder son équilibre indépendamment des problèmes rencontrés. Croire en sa capacité de réagir positivement à tout moment de sa vie. C'est là un point majeur. DEMEURER MAÎTRE DE

SES ÉMOTIONS. Contrôler ses sentiments plutôt que les subir. Les sentiments sont des réactions qu'on choisit d'exprimer. Donc, il n'est pas nécessaire de les extérioriser d'une façon négative.

TOUT COMMENCE PAR LA PENSÉE. Pensons à la tristesse, on devient triste. Pensons à la joie, on devient joyeux. C'est une discipline que d'apprendre à contrôler ses pensées. On a le pouvoir de chasser les mauvaises et de garder les bonnes. Quand on ne contrôle pas bien ses pensées, ce sont les autres qui le font pour soi. On subit alors leurs influences; on devient à leur merci. Nous sommes leur petite marionnette; ils n'ont qu'à tirer sur la ficelle et nous obéissons.

Voulons-nous aussi être un bel ordinateur toute notre vie, qui exécute au moindre désir du maître? Alors commençons à penser pour nous-mêmes, à nous faire confiance, à croire qu'on est assez intelligent pour gérer notre vie. NOUS SOMMES LES SEULS ET UNIQUES PROPRIÉTAIRES DE NOS PENSÉES. Personne ne peut pénétrer dans notre tête pour savoir ce qu'on pense. Il n'en tient qu'à nous de nous entraîner à penser de la bonne façon pour être heureux.

**Mon maître pense pour moi et j'exécute !
Quel est mon nom ?**

IX

Sélectionnez vos pensées!

*Si on a le pouvoir
de se rendre
malheureux par
notre façon de
penser, on a aussi
le pouvoir de se
rendre heureux !*

SÉLECTIONNEZ VOS PENSÉES

En général, on réussit assez bien à identifier les choses ou les pensées qui nous rendent malheureux. Partant de là, il faut modifier, changer, réorganiser. Je le mentionne dans mon livre "Une force invincible", NOUS POSSÉDONS CETTE FORCE EN NOUS. Elle est présente, servons-nous-en. C'est une question de gros bon sens. C'est pas plus compliqué que ça. On ne peut pas éprouver un sentiment négatif sans qu'au préalable il n'y ait eu une pensée négative. LE SENTIMENT EST UNE RÉACTION PHYSIQUE PROVOQUÉE PAR LA PENSÉE. On peut rire, rougir, pâlir, pleurer, etc... Tout ça est précédé par une pensée. En contrôlant la pensée, on peut facilement contrôler les sentiments négatifs.

Souvent, on pense que les autres nous rendent malheureux. ON SE REND SOI-MÊME MALHEUREUX par la façon qu'on pense, des choses, des situations, des gens qui entrent dans notre vie. "Qu'est-ce qu'il va penser si je fais ça? Si cette chose-là m'arrive, tu peux être sûr que je vais en pleurer un bon coup. Moi, c'est certain que si je prends un courant d'air, j'attrape une bonne grippe". Il est évident, qu'en pensant comme ça, ON SE PRÉPARE À LES RECEVOIR, et on se rend malheureux. Ce ne sont pas les autres qui pensent comme ça, c'est nous. ON DOIT APPRENDRE À PENSER AUTREMENT. Aussitôt qu'on pourra modifier nos pensées, des sentiments nouveaux se manifesteront et les événements changeront dans notre vie. C'est normal. On s'efforce de penser positif toujours, on reçoit de belles choses. On continue à penser négatif et on "paye le prix". FAITES VOTRE CHOIX.

Je rencontre un homme l'autre jour, EN CONSULTATION, qui pensait que sa femme ne l'aimait plus depuis quelques mois. Il était déprimé et il se torturait l'esprit à cause de ça. Pourtant le comportement de son épouse n'avait presque pas changé à son égard. Elle avait plutôt décidé de se prendre en main, de sortir de la maison et de faire des activités personnelles. Ce cher monsieur pensait que sa femme ne l'aimait plus parce qu'elle voulait développer une certaine forme d'autonomie. Aussi longtemps qu'il pensait cela, il filait mal; il avait commencé à développer un ulcère. Quand il a finalement compris que le besoin d'épanouissement de son épouse n'intervenait pas dans leur relation de couple, il s'est mis à penser différemment et LA SITUATION S'EST RÉTABLIE.

Cet exemple sert à mieux nous faire saisir L'IMPORTANCE DE LA PENSÉE DANS NOTRE VIE. Si ce monsieur avait continué à penser encore un certain temps que sa femme ne l'aimait plus, il aurait sûrement continué à détériorer sa santé; son travail s'en serait ressenti, son attitude vis-à-vis sa femme aurait

sûrement changé et il en serait venu à avoir vérita-
blement des problèmes de couple. Mais il a eu la
force de prendre un moyen pour voir clair dans sa vie.

**Ne laissons pas
la pensée négative
détruire notre
bonheur. Réagissons
rapidement avec
acuité.**

Libérez-vous de cette tension accâblante avant que les conséquences deviennent trop sérieuses.

En me servant de
la puissance de la
pensée positive,
je peux
améliorer ma vie
et être plus heureux.

X

Soyez responsable !

*Chacun a le devoir
et la responsabilité
personnelle de
toujours vouloir le
meilleur dans sa vie!*

SOYEZ RESPONSABLES

NOUS SOMMES RESPONSABLES DE NOS PEN-
SÉES, DE NOTRE VIE. Quand allons-nous cesser de
nous apitoyer sur notre sort pour tout et rien. Quand
allons-nous vraiment commencer à nous prendre en
main? Chacun de nous possède une solution à son
problème. Si nous voulons améliorer notre situation,
IL EST TEMPS DE COMMENCER À PENSER DE LA
BONNE FAÇON. Si nous voulons être heureux,
n'ayons crainte de faire face au négatif, de le contrôler et de le chasser de notre vie.

Par la puissance invisible, mais toujours présente de la pensée positive et constructive, nous
pouvons arriver à changer ou modifier beaucoup
d'éléments dans notre vie. Plusieurs ont déjà réussi.
Pourquoi pas vous? CHACUN A LE DEVOIR ET LA
RESPONSABILITÉ PERSONNELLE DE TOUJOURS
VOULOIR LE MEILLEUR. C'est une question de res-
pect personnel, d'amour de soi, des autres, de la vie.
Alors, il n'en tient qu'à vous de passer à l'action
maintenant. Si c'est trop difficile, demandez de l'aide.
Surtout, ne capitulez pas. Au contraire, servez-vous
de cette immense puissance merveilleuse de la pen-

sée positive, pour chasser les nuages et PERMETTRE AU SOLEIL DE TOUJOURS BRILLER DANS NOTRE VIE. Alors, vous serez beaucoup plus heureux !

Ne capitulez jamais devant l'obstacle, au contraire, soyez encore plus forts. Aidez-vous de la pensée positive !

**Surtout, n'oublions jamais de remercier la vie
pour tout ce qu'elle nous donne.**

CONCLUSION

Comme vous avez constaté, NOUS AVONS TOUS LE CHOIX d'être heureux, d'avoir du bonheur, de l'amour, des satisfactions dans notre vie. Pour y arriver, nous avons besoin de mobiliser la puissance de la pensée positive. De la faire travailler pour nous. Il n'en tient qu'à nous. C'est notre choix, notre responsabilité.

TOUT DÉBUTE PAR UNE PENSÉE. Ensuite, transformée en émotions et en sentiments. Cette puissance est invisible, comme l'électricité, l'air, mais elle est présente. Pour l'utiliser plus facilement on doit éliminer les nuisances comme le doute, la méfiance, la peur, la timidité, l'insécurité, etc... Afin de développer sa capacité personnelle et l'extérioriser, faire le grand ménage dans sa vie. Dépasser les bonnes intentions et agir.

ON N'A RIEN POUR RIEN DANS LA VIE. IL FAUT DONNER POUR RECEVOIR. Si on veut raffermir cette puissance, on doit y mettre l'effort nécessaire. Se garder en santé, physiquement et mentalement. C'est une loi de la nature, de la vie.

La puissance de la pensée positive nous aide à développer davantage notre magnétisme humain, notre pouvoir personnel, notre volonté de s'affirmer, d'être heureux. Par le pouvoir de cette force, JE DEVIENS AUSSI PUISSANT QU'UN AIMANT. J'attire à moi les bonnes personnes qui vont m'aider à progresser, à m'épanouir, à réussir ma vie. J'attire à moi aussi l'argent, l'amour, le bonheur...

C'est notre responsabilité de toujours vouloir le meilleur de la vie. ALLEZ PASSEZ À L'ACTION. N'attendez plus. Prenez vous en main maintenant. Posez un geste positif à chaque jour. Vous serez étonnés des résultats!

ANDRÉ SARRAZIN

DÉCOUVREZ L'AUTEUR:

En plus d'être dans le domaine des sciences humaines et de la motivation, l'auteur s'implique aussi dans le domaine des médecines douces.

Il pratique comme travailleur social, hypnothérapeute, naturothérapeute, acupuncteur, motivologue, naturologue et thérapeute en magnétisme humain. Il est aussi professeur de nombreux cours, au niveau de la programmation du subconscient, de l'hypnose, auto-hypnose, hypnothérapie, magnétisme personnel, relaxation, communication, motivation, épanouissement personnel.

Il s'implique aussi dans plusieurs organismes ou associations tant au Québec, au Canada qu'aux États-Unis.

L'auteur a préparé des programmes sur cassettes, au niveau de la santé, la relaxation, la motivation et autres. Il a aussi préparé, toujours sur cassettes, plusieurs cours d'auto-perfectionnement avec lesquels on peut travailler à la maison, pour nous aider à développer davantage notre potentiel personnel, en utilisant une méthode "subliminale". Ces méthodes donnent des résultats tout à fait surprenants.

Les personnes ou les groupes intéressés à le contacter, soit pour un commentaire, de l'information, une consultation privée, un cours, une conférence ou simplement la liste des cassettes et des cours d'auto-perfectionnement peuvent s'adresser à:

ANDRÉ SARRAZIN   ou: a/s CLINIQUE CORESPRIT
C.P. 1512, St-Martin   8673 St-Denis
Laval (Québec)   Montréal (Québec)
H7V 3P7   (514) 688-3582   H2P 2H4   (514) 388-0413/3636

ORGANISMES

L'auteur est:
— membre de la Corporation professionnelle des Travailleurs Sociaux du Québec
— membre de l'Association Canadienne des Travailleurs Sociaux
— membre de l'Association des hypnologues du Québec
— membre de la Corporation des Naturologues du Québec
— membre de l'Ordre des Naturothérapeutes du Québec
— membre de la Société des Acupuncteurs CBP du Québec
— vice-président de la Clinique et du Centre Coresprit, à Montréal (thérapies, cours)
— vice-président du Cercle international des Gagnants (Éditions, cours, conférences, séminaires)
— vice-président de l'Association Québécoise de l'Hypnose
— président de l'Association des Hypnothérapeutes du Québec
— président de l'Association Québécoise de Recherche et Développement en Magnétisme Humain
— président de l'Association Nationale des Motivologues
— reconnu comme "Hypnothérapeute Professionnel" et membre de "American Association of Professional Hypnotherapists".

Les personnes intéressées à découvrir ou mieux connaître ces organismes ont simplement à contacter l'auteur pour avoir de l'information.

Téléphonez ou écrivez à:

ANDRÉ SARRAZIN   ou: a/s CENTRE CORESPRIT
C.P. 1512, St-Martin   8673 St-Denis
Laval (Québec)   Montréal (Québec)
H7V 3P7   (514) 688-3582   H2P 2H4   (514) 388-0413/3636

Publications chez le même éditeur

PARVENEZ
AU SUCCÈS

Si des obstacles n'existaient
pas, quel mérite aurions-nous
de gagner!

VICTOR **A**UDET

DANS LA COLLECTION

SUR LA VOIE DU SUCCÈS

Victor Audet

LA VENTE DANS MA VIE

Tome 1

- Les facteurs déterminants.

- Mes premières ventes inconscientes.

- L'importance de la critique.

- Les effets directs dans ma vie.

- Un échec n'est jamais un échec.

Les Éditions Le Cercle
International des Gagnants enr.

Victor Audet

DES FACTEURS DÉTERMINANTS

Tome 2

- Le Statu Quo n'existe pas.
- Croyez que votre prix est juste.
- Vendez le Sizzle.
- Ne dites pas n'importe quoi.
- La Prospection.

Les Éditions Le Cercle
International des Gagnants enr.

ANDRÉ SARRAZIN

Une
recette
infaillible

- Stabilisez vos relations avec les autres.
- Sachez apprécier ce que vous avez.
- Donnez le maximum en tout temps.
- Voyez-vous en train de réussir.

Les Éditions
le CERCLE international des GAGNANTS enr.